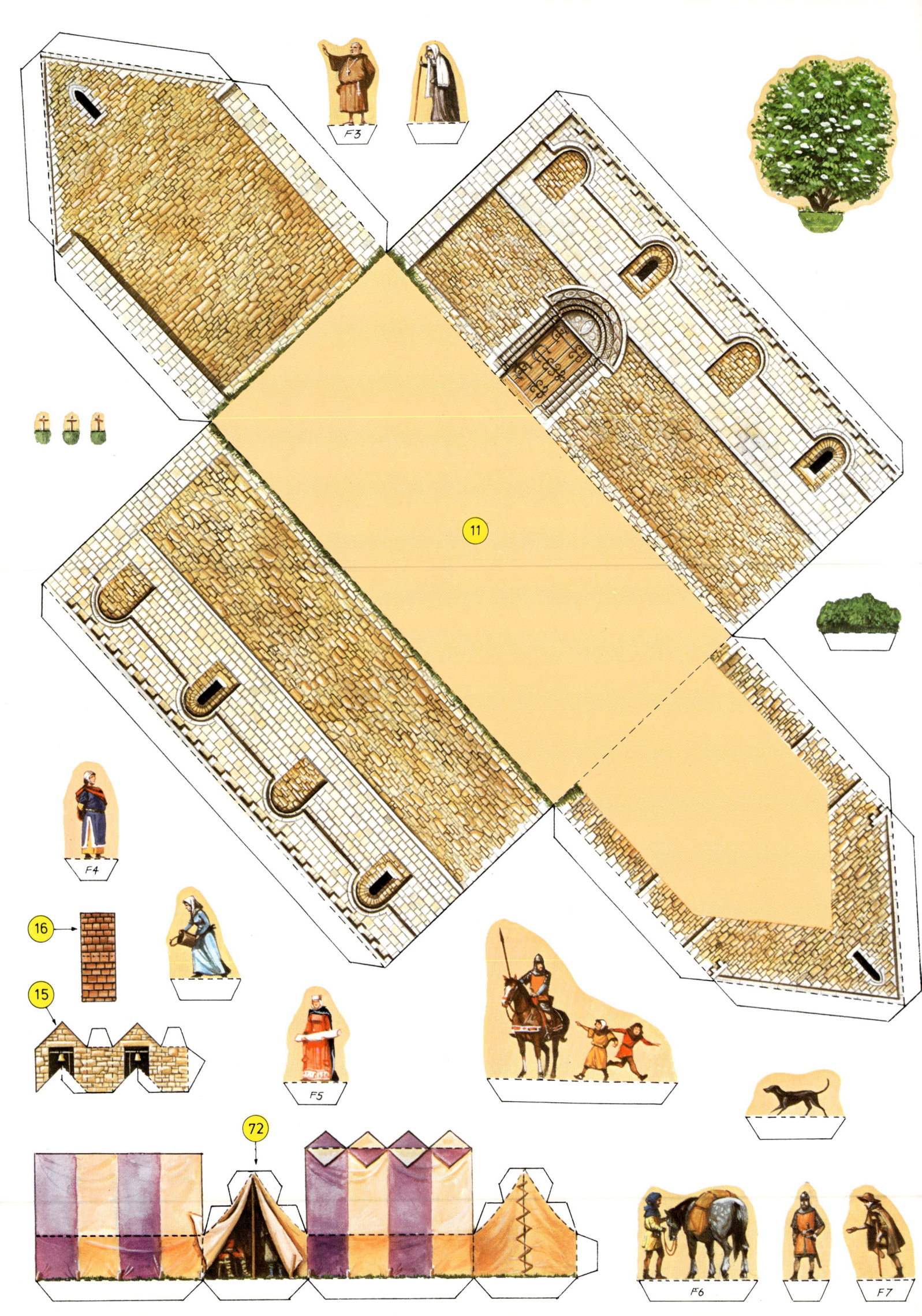

F3

11

F4

16

15

F5

72

F6

F7

49

50

51

52

53

67

68

69

F II

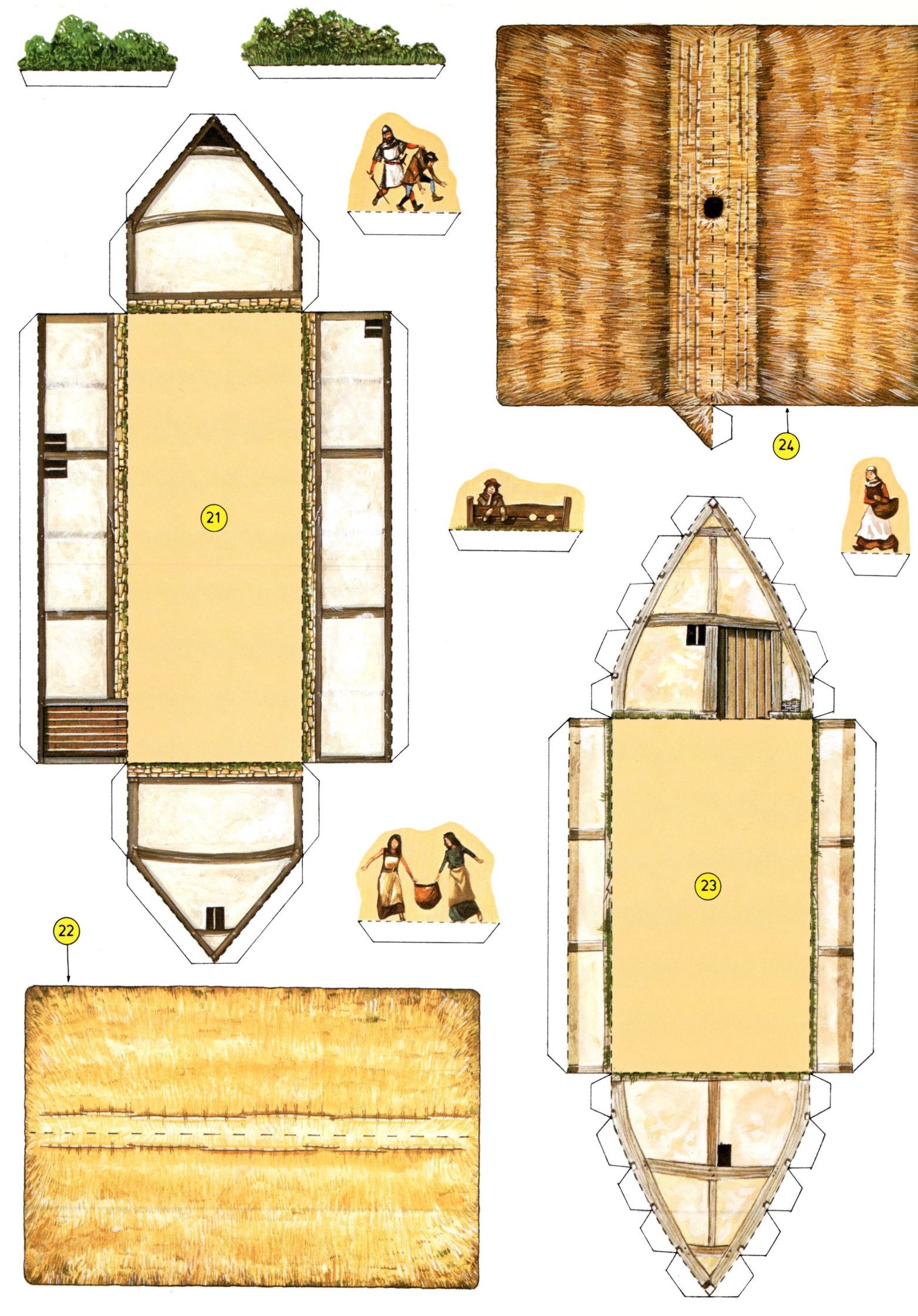

21

22

23

24

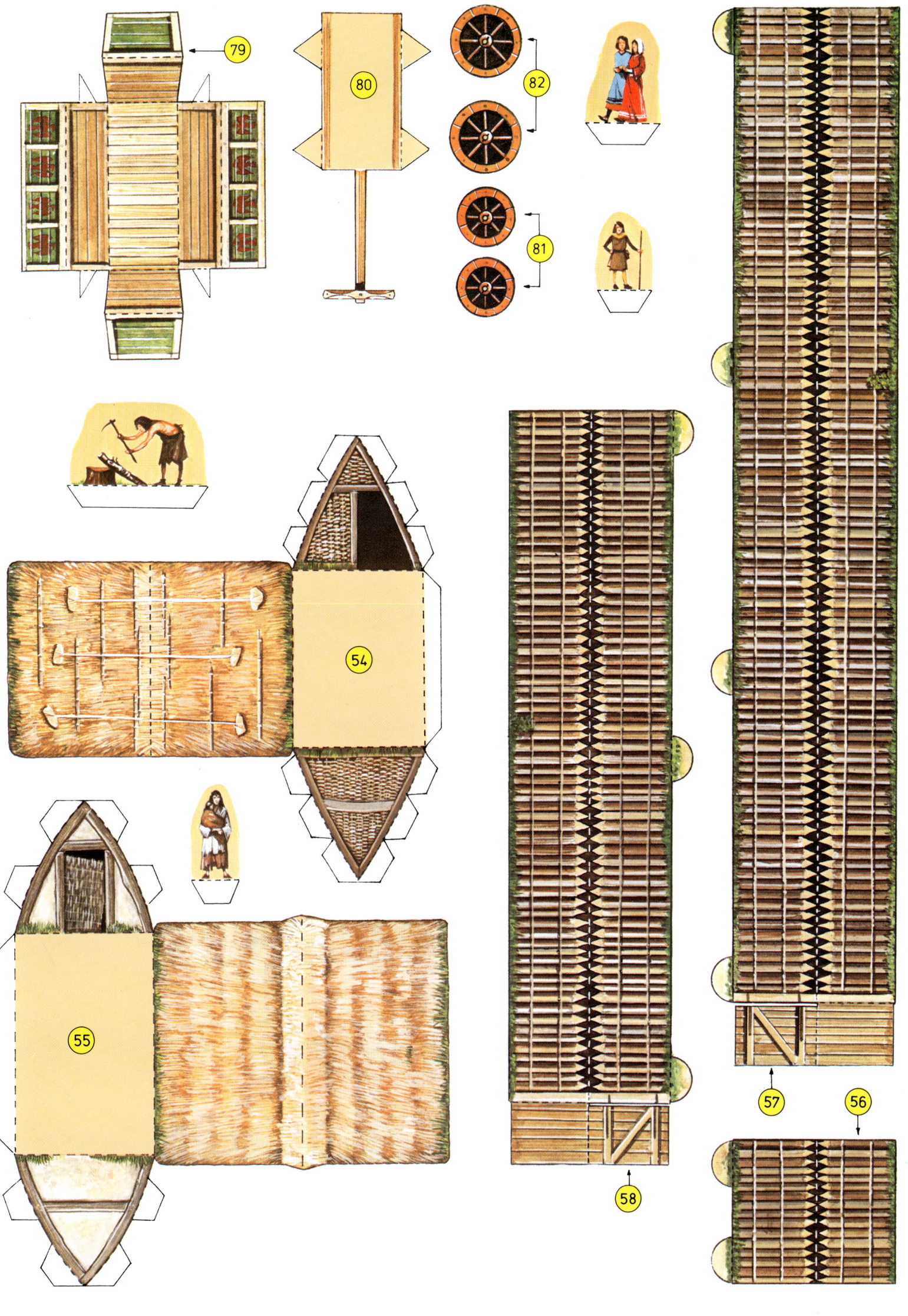

F8

73

74

39

40

41

71

70

75

77

78

76

85

F10

F12

84

83

F15

66

65

F13

64

62

63

61

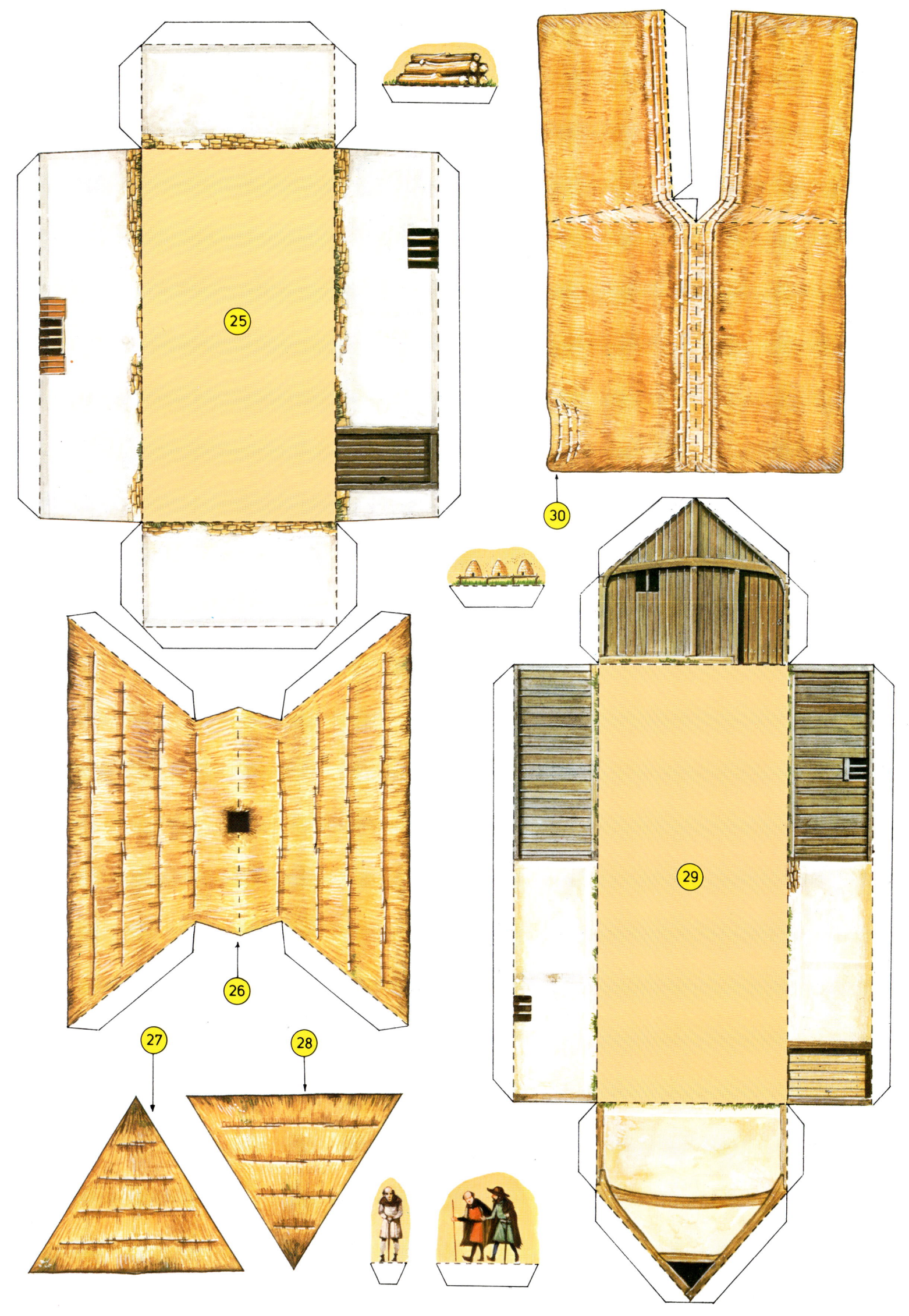

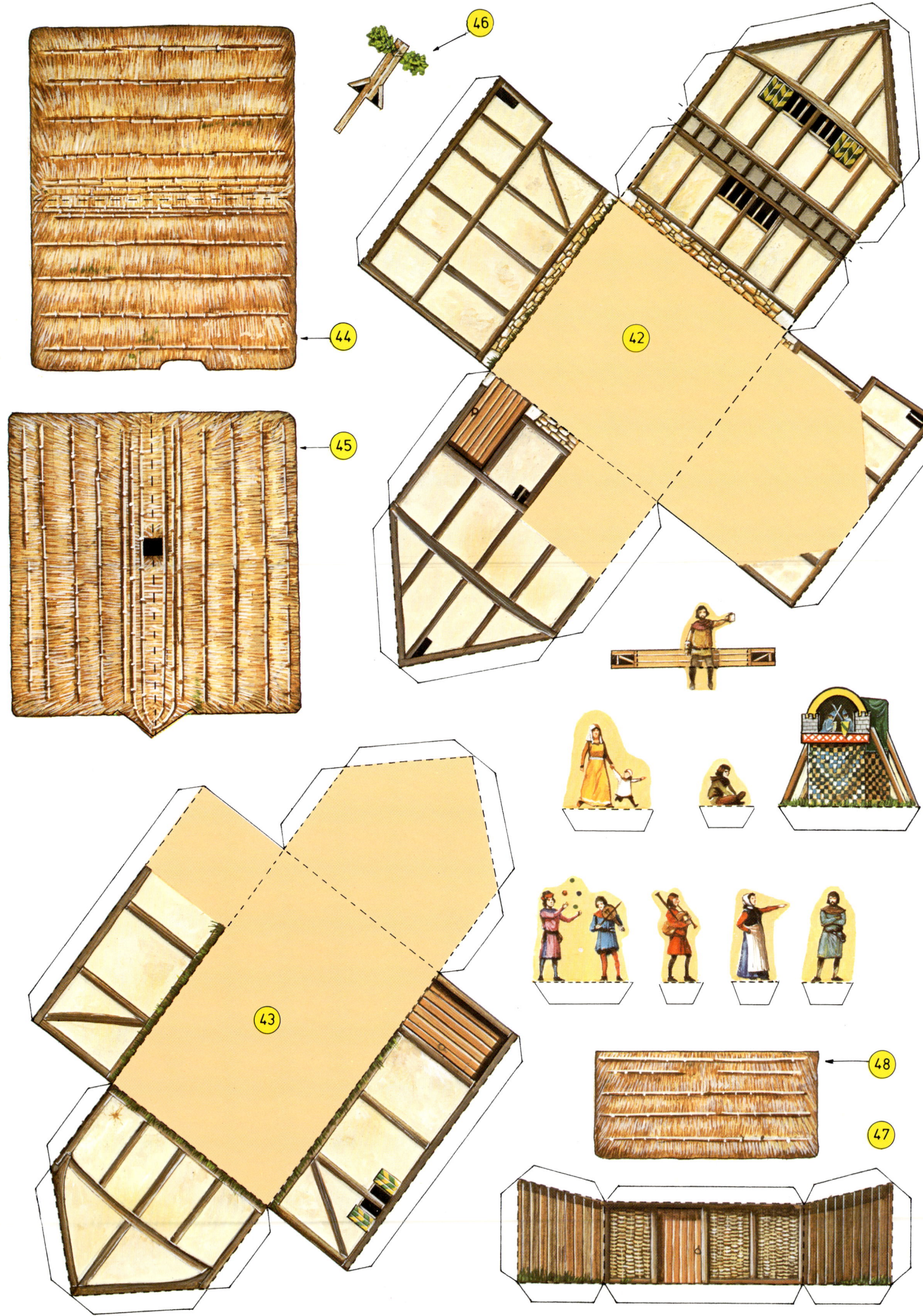

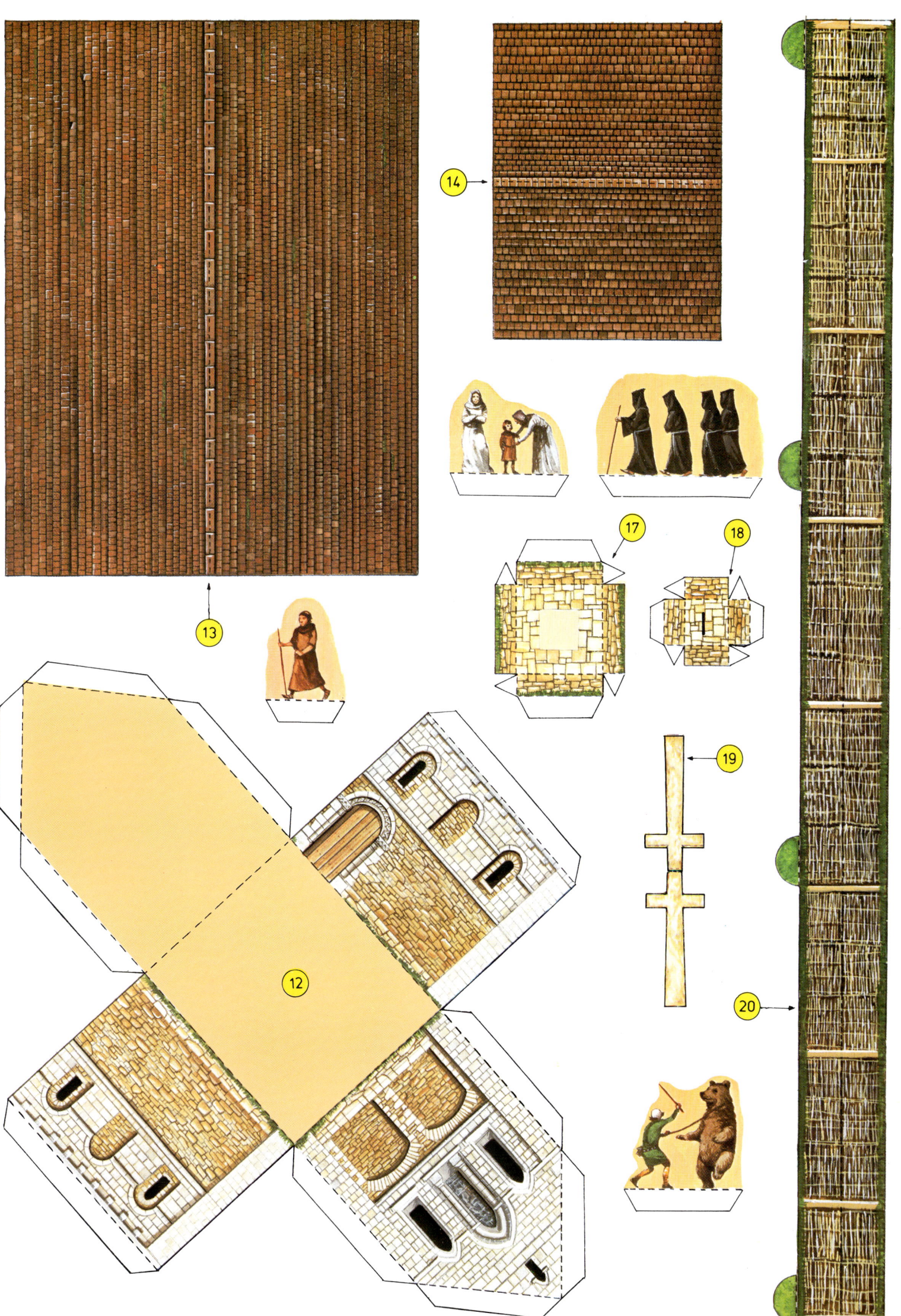

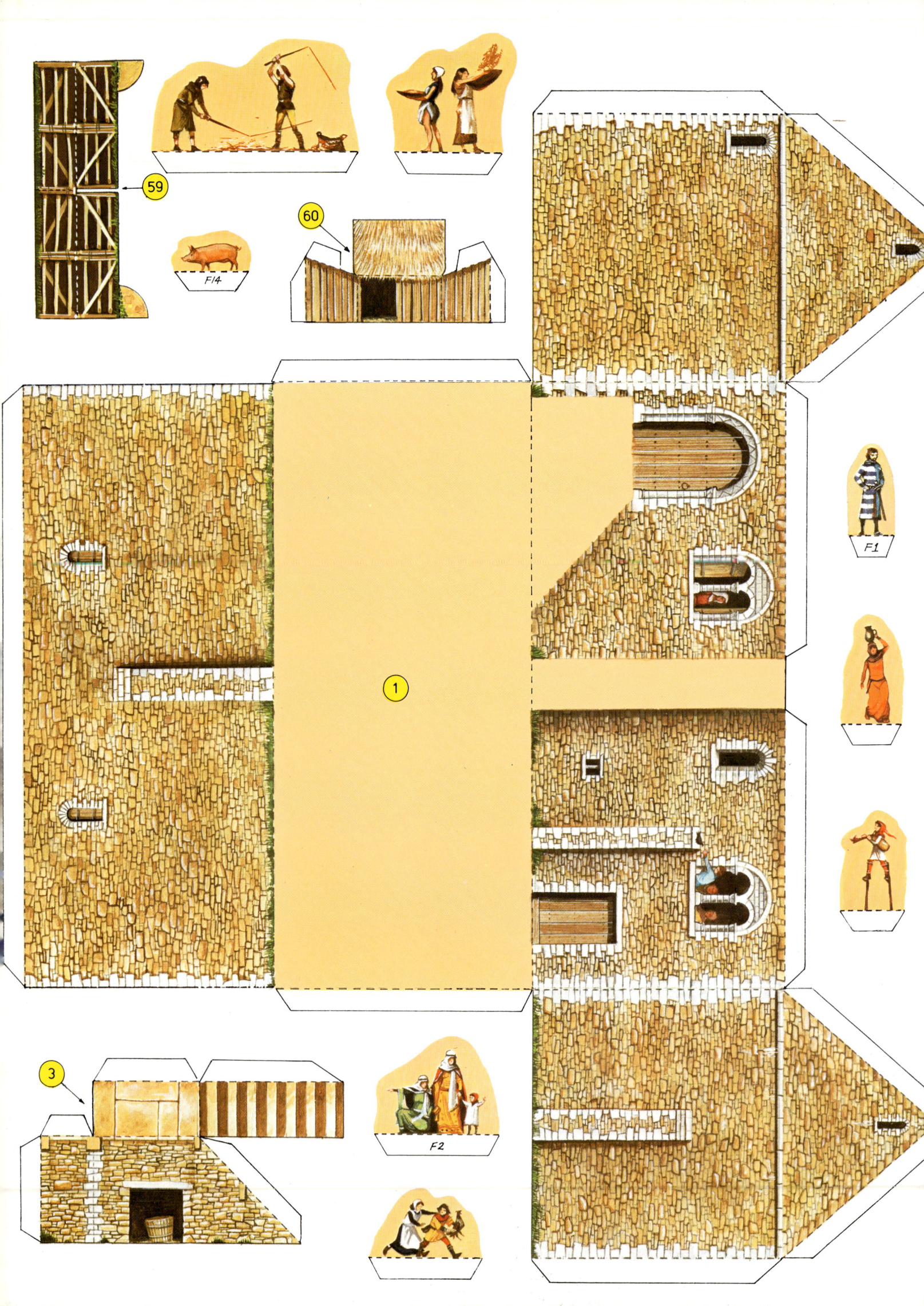

59

60

F14

F1

F2

1

3